Ruth Hildebrand-Mallitsch

Lernstände ermitteln: Religion

Fragebögen zu 10 Themenfeldern

5./6. Klasse

Persen
Persen Verlag

Die Autorin:
Ruth Hildebrand-Mallitsch ist Fachleiterin Kernseminar und evangelische Religionslehre am Zentrum für schulpraktische Lehrerausbildung HRGe in Dortmund.

Gedruckt wird auf umweltbewusst gefertigtem, chlorfrei gebleichtem und alterungsbeständigem Papier.

1. Auflage 2012

Illustrationen: Nataly Meenen, Marion El-Khalafawi
Satz: Satzpunkt Ursula Ewert GmbH, Bayreuth

ISBN: 978-3-403-23130-1

www.persen.de

Den Lernstand zu 10 Themen des Religionsunterrichtes der Klassen 5/6 ermitteln

Anhang

Erfassung der Lernausgangslage im Religionsunterricht

Religionsunterricht, der Schüler[1] begeistert, der religiöse Inhalte mit ihrem Leben verbindet, der erlebbar ist, der bewegt, setzt eine hohe Planungskompetenz voraus.
Wie Lehrer ihren Unterricht planen, welche Inhalte sie auswählen, wie sie diese didaktisch reduzieren, welche Methoden und Medien sie einsetzen, hängt stets davon ab, was sie selbst für wichtig erachten, über welche Kompetenzen sie verfügen, aus welchen Schülern ihre Lerngruppe besteht, aber vor allem: auf welcher Lernausgangslage die Lehrkraft aufbauen kann, über welche Kompetenzen ihre Schüler bereits verfügen.

Der Begriff *Kompetenz* spielt eine zunehmend wichtigere Rolle. In einem kompetenzorientierten Religionsunterricht liegt der Focus auf den Fähigkeiten, Fertigkeiten, Einstellungen und Haltungen und dem dazugehörigen Wissen und Können, über das die Schüler am Ende einer Unterrichtseinheit verfügen sollten.
„In einem am Erwerb von Kompetenzen orientierten Religionsunterricht geht es also darum, die Lernenden zu befähigen, die in dieser Welt vorhandenen religiösen Herausforderungen wahrzunehmen, ihre Bedeutung für das eigene Leben zu identifizieren, sie ethisch zu qualifizieren und die fachspezifisch erworbenen Fähigkeiten und Fertigkeiten zu nutzen, um der Herausforderung konstruktiv zu begegnen.“[2]
Nach dem Comenius-Institut sind das die folgenden Kompetenzen:

1. Die persönliche Glaubensüberzeugung bzw. das eigene Selbst- und Weltverständnis wahrnehmen, zum Ausdruck bringen und gegenüber anderen begründet vertreten.
2. Religiöse Deutungsoptionen und Widerfahrnisse des Lebens wahrnehmen, verstehen und ihre Plausibilität prüfen.
3. Entscheidungssituationen der eigenen Lebensführung als religiös relevant erkennen und mithilfe religiöser Argumente bearbeiten.
4. Grundformen religiöser Sprache (z. B. Mythos, Gleichnis, Symbol, Bekenntnis, Gebet, Gebärde, Dogma, Weisung) kennen, unterscheiden und deuten.
5. Über das Christentum evangelischer Prägung (theologische Leitmotive sowie Schlüsselszenen der Geschichte) Auskunft geben.
6. Grundformen religiöser Praxis (z. B. Feste, Feiern, Rituale, Diakonie) beschreiben, probeweise gestalten und ihren Gebrauch reflektieren.
7. Kriterienbewusst lebensförderliche und lebensfeindliche Formen von Religionen unterscheiden.
8. Sich mit anderen religiösen Überzeugungen begründet auseinandersetzen und mit Angehörigen anderer Konfessionen bzw. Religionen respektvoll kommunizieren und kooperieren.
9. Zweifel und Kritik an Religionen sowie Indifferenz artikulieren und ihre Berechtigung prüfen.
10. Den religiösen Hintergrund gesellschaftlicher Traditionen und Strukturen (z. B. von Toleranz, des Sozialstaates, der Unterscheidung Werktag/Sonntag) erkennen und darstellen.
11. Religiöse Grundideen (z. B. Menschenwürde, Nächstenliebe, Gerechtigkeit) erläutern und als Grundwerte in gesellschaftlichen Konflikten zur Geltung bringen.
12. Religiöse Motive und Elemente in der Kultur (z. B. Literatur, Bilder, Musik, Werbung, Film, Sport) identifizieren, ideologiekritisch reflektieren und ihre Bedeutung erklären.[3]

Lerngruppen im Religionsunterricht sind in der Regel heterogen bezogen auf:

- religiöse Sozialisation,
- Vorerfahrungen in den Grundschulen,
- wertorientierte oder emotional bestimmte Vorstellungen von gleichaltrigen Mitschülern,
- Lern- und Leistungsvermögen,
- Lerntempo,
- Lernbereitschaft
- Einstellung religiösen Themen gegenüber.

Kompetenzorientierter Religionsunterricht muss die individuellen Lernvoraussetzungen der Schüler kennen und berücksichtigen, um dann exempla-

[1] Der besseren Lesbarkeit halber benutzen wir im Plural die verallgemeinernde Form, Schülerinnen und Lehrerinnen etc. sind keinesfalls vergessen und ausdrücklich auch gemeint.
[2] Dietmar Peter: *Lernaufgaben* in Loccumer Pelikan 3/09

[3] In Gabriele Obst: *Kompetenzorientiertes Lehren und Lernen im Religionsunterricht*, Vandenhoeck&Ruprecht 2008, Seite 100/101

risch religiös relevante Lebenssituationen, ethische Herausforderungen und Lebensfragen als Grundlage zu nehmen zur Erarbeitung von religiös bedeutsamen Inhalten. Daher erscheint es wichtig, vor der Planung von Unterrichtseinheiten Kenntnisse und Kompetenzen der Schüler zu diagnostizieren, um sie dort abzuholen, wo sie tatsächlich stehen, damit der Aufbau der Kompetenzen systematisch und kumulativ gewährleistet ist.

Gleiches Ziel mit ungleichen Voraussetzungen, da bleibt mancher auf der Strecke. Im Religionsunterricht aber sollte keiner verloren gehen!

Mit Sandalen, ohne geeignete Ausrüstung, ohne Verpflegung, ohne Karte ist dieser Berg nicht zu erklimmen.

Differenzierung, auch im Religionsunterricht, ist eine notwendige Aufgabe, ja mehr noch eine Forderung, die dem christlichen Menschenbild entspricht.
„Differenzierung dient vor allem dazu, auf unterschiedliches Vorwissen angemessen reagieren zu können, vielfältigen Lernwegen Raum zu geben und damit unterschiedliche Verknüpfungen herstellen zu können. Sie dient der individuellen Anwendung des Gelernten auf unterschiedliche Lern- und Lebenssituationen."[4]

Auch die neurologische Lernforschung weist darauf hin, dass die Bedeutung des Vorwissens, des Kontextes für das weitere Lernen, für die Entwicklung von Kompetenzen eine hohe Bedeutung hat. Nur so wird das neuronale Netzwerk ausgebaut.
„Die Notwendigkeit zur Differenzierung ergibt sich aus der ständig neuen Aufgabe, die individuellen neuronalen Netzwerke aufzubauen, deren Verbindungen zu intensivieren sowie durch Einfügen neuer Verbindungen zu erweitern. Differenzierung tendiert zur Individualisierung.[5]

[4] Prof. Dr. Hartmut Rupp in: Entwurf 4/2010 Seite 5

[5] a. a. O. Seite 5

Die Motivation zum Weiterlernen entsteht aus dem subjektiven Erleben eines Kompetenz-Zuwachses."[6] Damit Schüler genau diese Erfolgserlebnisse haben können, müssen die Lerninhalte ihrer Lernausgangslage angepasst werden.
Die folgenden Fragebögen zu unterschiedlichen Themen ermöglichen eine dementsprechende Erhebung des Vorwissens, des Interesses, der Einstellungen und der Selbsteinschätzung der Schüler, sodass auf die individuellen Voraussetzungen durch geeignete Auswahl von Lernarrangements eingegangen werden kann. Nur so können Schüler individuell, aktiv, nachhaltig, selbstständig, handlungsorientiert lernen und sich in religiösen Räumen orientieren – und das mit zunehmend weiterentwickelten Kompetenzen, die auch in ihrem zukünftigen Leben von Bedeutung sein werden.

Welche Ziele verfolgt nun die Erhebung der Lernausgangslage?

Ziele:

- die geplante Unterrichtseinheit an den Wissensstand der Schüler anzupassen
- vorhandene Kompetenzen zu nutzen und sukzessiv zu erweitern, wie z. B.:
  - Können die Schüler zielgerichtet mit der Bibel umgehen?
  - Können sie bestimmten Symbolen Bedeutungen zuordnen?
  - Wie ist ihre Wahrnehmungsfähigkeit bei Bildern ausgeprägt?
  - Können sie die zentrale Botschaft eines Textes erkennen?
  - Verstehen sie religiöse Sprachformen und Symbole?
  - Können sie Erkenntnisse für die eigene Auseinandersetzung mit religiösen Fragen nutzen?
- Inhalte aufeinander aufzubauen und miteinander zu vernetzen
- die Bedeutung der Inhalte für die Schüler zu erkennen und die Lebensrelevanz herauszuarbeiten
- die Schüler an der Planung von Lerninhalten, -wegen und -zielen zu beteiligen
- schülerorientiert zu unterrichten und so Über- oder Unterforderung zu vermeiden
- die Interessenslage der Lerngruppe zu analysieren und die Konzeption daran zu orientieren
- möglichst vielen Schülern zielerreichendes Lernen zu ermöglichen
- religiöses Orientierungswissen zu entwickeln und eine individuelle Positionierung anzubahnen: in der eigenen Religion, in anderen Religionen und Weltanschauungen
- Handlungsmöglichkeiten für ein friedliches, tolerantes, gerechtes, verantwortungsbewusstes, demokratisches Miteinander zu erarbeiten

[6] Dietlind Fischer, Volker Elsenlast in: *Grundlegende Kompetenzen religiöser Bildung*, Comenius-Institut 2006, Seite 11

Jesus

Liebe Schülerinnen und Schüler,
in den nächsten Religionsstunden wollen wir uns näher mit der **Person Jesu** *beschäftigen. Um den Unterricht so für euch zu gestalten, dass ihr viel Neues lernen, entdecken und erproben könnt, möchte ich von euch erfahren, was ihr bereits über die Person Jesu wisst, welche Einstellungen und Interessen ihr habt und was ihr gern erarbeiten möchtet.*
Bitte füllt dazu den folgenden Fragebogen aus. Wenn ihr alle Aufgaben erledigt habt, dürft ihr natürlich die Bilder ausmalen.

1. Was hat dieses Bild mit Jesus zu tun?

2. Die Eltern von Jesus hießen:

3. Wann hat Jesus gelebt?

- ☐ vor etwa 500 Jahren
- ☐ vor etwa 1000 Jahren
- ☐ vor etwa 2000 Jahren
- ☐ weiß ich nicht

4. Wie alt ist er geworden?

Jesus

5. Wo hat er gelebt?

- ☐ in Griechenland
- ☐ in Palästina
- ☐ in Deutschland
- ☐ weiß ich nicht

6. Welchen Beruf hatte er?

____

7. Welcher Religion gehörte er an?

- ☐ Er war Christ.
- ☐ Er war Jude.
- ☐ Er gehörte keiner Religion an.
- ☐ Das weiß ich nicht.

8. War Jesus getauft?

☐ ja ☐ nein

9. Wie ist er gestorben?

____

____

____

____

10. Was ist das Besondere an der Person Jesu?

____

____

____

____

Jesus

11. Lies das folgende Gebet.

a) Setze in den Text rote Fragezeichen an die Stellen, die du nicht verstehst. ?

Ich glaube an Gott, den Vater,
den Allmächtigen,
den Schöpfer des Himmels und der Erde.
Und an Jesus Christus,
seinen eingeborenen Sohn, unsern Herrn,
empfangen durch den Heiligen Geist,
geboren von der Jungfrau Maria,
gelitten unter Pontius Pilatus,
gekreuzigt, gestorben und begraben,
hinabgestiegen in das Reich des Todes,
am dritten Tage auferstanden von den Toten,
aufgefahren in den Himmel;
er sitzt zur Rechten Gottes,
des allmächtigen Vaters;
von dort wird er kommen
zu richten die Lebenden und die Toten.
Ich glaube an den Heiligen Geist,
die heilige christliche Kirche,
Gemeinschaft der Heiligen,
Vergebung der Sünden,
Auferstehung der Toten
und das ewige Leben.
Amen

b) Kennst du das Glaubensbekenntnis? ☐ ja ☐ nein

12. Ich kann eine Geschichte von Jesus erzählen. ☐ ja ☐ nein

Zum Beispiel:

____

____

____

____

____

Jesus

**13. Jesus hat viele Wunder vollbracht.
Welche kennst du?**

____

____

____

____

14. Wie heißt eine berühmte Rede, die Jesus gehalten hat?

☐ Nazareth-Erzählung
☐ Rede am Fluss Jordan
☐ Bergpredigt
☐ Ich kenne diese Rede nicht.

15. Warum feiern wir Ostern? Kreuze an.

☐ Tod Jesu
☐ Auferstehung Jesu
☐ Geburt Jesu
☐ Himmelfahrt Jesu
☐ Frühlingsfest
☐ Das weiß ich nicht.

16. Glaubst du, dass Jesus vom Tode wieder auferstanden ist?

☐ ja ☐ nein

**17. Das Kreuz ist ein Symbol für das Christentum.
Kannst du dir vorstellen warum?**

____

____

____

____

Jesus

18. Kennst du noch andere Symbole der christlichen Religion? Zeichne oder schreibe!

19. Glaubst du, dass Jesus Gottes Sohn war?

☐ ja ☐ nein

20. *Mensch Jesus, ich wüsste gern …*

Name: Datum:

Gleichnisse

Liebe Schülerinnen und Schüler,
in den nächsten Religionsstunden wollen wir uns näher mit ***Gleichnissen*** *beschäftigen. Um den Unterricht für euch so zu gestalten, dass ihr viel Neues lernen, entdecken und erproben könnt, möchte ich von euch erfahren, was ihr bereits über Gleichnisse wisst, welche Einstellungen ihr dazu habt und was euch interessiert. Dazu füllt bitte den folgenden Fragebogen aus. Wenn ihr alle Aufgaben erledigt habt, dürft ihr natürlich die Bilder ausmalen.*

1. Kreuze an.

Ich habe den Begriff *Gleichnis* schon einmal gehört.	☐ ja	☐ nein
Gleichnisse sind ...	☐ Märchen ☐ Geschichten ☐ Gleichungen	
Ich kann ein Gleichnis aus der Bibel erzählen.	☐ ja	☐ nein
Jesus hat solche Geschichten erzählt.	☐ ja	☐ nein
Ich weiß auch, warum Jesus oft in Gleichnissen gesprochen hat.	☐ ja	☐ nein
Ich kann bei **einem** Gleichnis erklären, was es zu bedeuten hat.	☐ ja	☐ nein
In der Grundschule haben wir ein Gleichnis auch schon einmal nachgespielt.	☐ ja	☐ nein
Gleichnisse können uns zum Nachdenken anregen.	☐ ja	☐ nein

2. Von den folgenden in Bildern dargestellten Gleichnissen kenne ich schon:

①

☐ Kenne ich nicht.
☐ Kenne ich.
☐ Ich weiß auch die Überschrift:

____

____

Gleichnisse

② 

☐ Kenne ich nicht.

☐ Kenne ich.

☐ Ich weiß auch die Überschrift:

____

____

③ 

☐ Kenne ich nicht.

☐ Kenne ich.

☐ Ich weiß auch die Überschrift:

____

____

④ 

☐ Kenne ich nicht.

☐ Kenne ich.

☐ Ich weiß auch die Überschrift:

____

____

Gleichnisse

3. Ich kenne noch ein anderes Gleichnis:

Fertige eine kleine Zeichnung an:

4. Lies das folgende Gleichnis und gib es kurz mit eigenen Worten wieder.

Das Gleichnis vom Säen auf verschiedenen Böden
Markus 4,3–9; Lukas 8,5–8

3 Jesus sagte:
„Seht doch:
Ein Bauer ging aufs Feld,
um zu säen.
4 Während er die Körner auswarf,
fiel ein Teil davon auf den Weg.
Da kamen die Vögel
und pickten sie auf.
5 Ein anderer Teil fiel auf felsigen Boden,
wo es nicht viel Erde gab.
Die Körner gingen schnell auf,
weil sie nicht tief im Boden lagen.
6 Aber als die Sonne hoch stand,
wurden die Pflanzen verbrannt.
Und sie vertrockneten,
weil sie keine tiefen Wurzeln hatten.
7 Ein anderer Teil fiel zwischen die
Disteln.
Die Disteln schossen hoch
und erstickten sie.
8 Aber ein anderer Teil fiel auf guten
Boden.
Die Körner brachten gute Frucht.
Manche Pflanzen brachten hundert,
andere sechzig,
andere dreißig Körner Frucht.
9 Wer Ohren zum Hören hat,
soll gut zuhören!“

Gleichnisse

Das Gleichnis vom Säen auf verschiedenen Böden:

5. Was könnte Jesus gemeint haben?

a) Wer ist wohl der **Bauer**?

b) Was sät er? Welche Bedeutung haben die **Körner**?

c) Was könnte er mit dem **guten Boden** gemeint haben?

d) Was könnte er mit dem **felsigen, unfruchtbaren Boden** meinen?

Gleichnisse

6. Die folgenden Textabschnitte erzählen ebenfalls ein Gleichnis. Sie sind aber durcheinandergeraten.

a) Schneide sie aus und bringe sie in die richtige Reihenfolge.

b) Die Bilder sind in der richtigen Reihenfolge. Schneide sie aus. Ordne Text und Bild zu. Klebe diese auf ein weißes Blatt.

b) Nun gib dem Gleichnis eine Überschrift.

Als er alles ausgegeben hatte, brach in dem Land eine große Hungersnot aus. Auch er begann zu hungern. Da bat er einen der Bürger des Landes um Hilfe. Der schickte ihn aufs Feld zum Schweinehüten. Er wollte seinen Hunger mit den Futterschoten stillen, die die Schweine fraßen. Aber er bekam nichts davon.

Doch der Vater befahl seinen Dienern: „Holt schnell das schönste Gewand aus dem Haus und zieht es ihm an. Steckt ihm einen Ring an den Finger und bringt ihm Sandalen für die Füße. Dann holt das gemästete Kalb her und schlachtet es: Wir wollen essen und feiern! Denn mein Sohn hier war tot und ist wieder lebendig. Er war verloren und ist wiedergefunden.“ Und sie begannen zu feiern.

Ein Mann hatte zwei Söhne. Der jüngere sagte zum Vater: „Vater, gib mir den Teil der Erbschaft, der mir zusteht.“ Da teilte der Vater seinen Besitz unter den Söhnen auf.

So machte er sich auf den Weg zu seinem Vater. Sein Vater sah ihn schon von Weitem kommen und hatte Mitleid mit ihm. Er lief seinem Sohn entgegen, fiel ihm um den Hals und küsste ihn.

Da ging der Sohn in sich und dachte: Wie viele Arbeiter hat mein Vater und sie alle haben reichlich Brot zu essen. Aber ich komme hier vor Hunger um. Ich will zu meinem Vater gehen und zu ihm sagen: „Vater, ich habe Schuld auf mich geladen vor Gott und vor dir. Ich bin es nicht mehr wert dein Sohn genannt zu werden. Nimm mich als Arbeiter in deinen Dienst.“

Aber sein Sohn sagte zu ihm: „Vater, ich habe Schuld auf mich geladen – vor Gott und vor dir. Ich bin es nicht mehr wert, dein Sohn genannt zu werden.“

Ein paar Tage später machte der jüngere Sohn seinen Anteil zu Geld und wanderte in ein fernes Land aus. Dort verschleuderte er sein ganzes Vermögen durch ein verschwenderisches Leben.

Basis Bibel: Lukas 15, 11–24

Überschrift: ______________________________

Gleichnisse

7. Wie beurteilst du das Verhalten des jüngeren Sohnes?

8. Findest du es richtig, dass der Vater ihn wieder aufnimmt?

☐ Ja, weil

☐ Nein, weil

9. Stell dir vor, du bist der ältere Bruder, bist bei deinem Vater geblieben und hast die ganze Zeit hart gearbeitet, während dein jüngerer Bruder sein Erbe einfach verprasst hat, Partys gefeiert und das Leben genossen hat. Freust du dich über die Rückkehr deines Bruder und darüber, dass euer Vater ein großes Fest für ihn gibt?

10. *Ich möchte gern noch wissen ...*

Name: Datum:

Die Bibel

Liebe Schülerinnen und Schüler,
*in den nächsten Religionsstunden wollen wir uns näher mit der **Bibel** beschäftigen.*
Um den Unterricht so für euch zu gestalten, dass ihr viel Neues lernen, entdecken und erproben könnt, möchte ich von euch erfahren, was ihr bereits über die Bibel wisst, welche Einstellungen und Interessen ihr habt und was ihr gern erarbeiten möchtet.
Bitte füllt dazu das folgende Rätsel und den Fragebogen aus. Wenn ihr alle Aufgaben erledigt habt, dürft ihr natürlich die Bilder ausmalen!

1. Versuche, das Rätsel zu lösen.

1. In welcher Religion ist die Bibel das wichtigste Buch?
2. Aus wie vielen Hauptteilen besteht die Bibel?
3. Wie nennt man die Bibel noch? (2 Wörter)
4. Das Wort „Bibel“ kommt aus dem Griechischen und heißt übersetzt?
5. Nenne den Namen eines Evangeliums.
6. Wie heißt das Volk, dessen Geschichten im AT[1] stehen?
7. Auf welchem Material wurden die ersten Geschichten von Jesus geschrieben?
8. Wer übersetzte die Bibel ins Deutsche? (Vor- und Zuname)
9. Evangelium heißt übersetzt: Frohe ...
10. Wie viele Evangelien gibt es im NT[2]?

Wie nennt man Gespräche mit Gott?

[1] = Altes Testament

[2] = Neues Testament

Die Bibel

2. **Wir haben zu Hause eine Bibel.** ☐ ja ☐ nein

3. **Es gibt nur eine Bibel-Ausgabe.** ☐ ja ☐ nein

4. **Die Originalsprache der ersten biblischen Schriften war.**
   ☐ deutsch ☐ englisch ☐ hebräisch ☐ weiß ich nicht

5. **Zu den folgenden Bildern kenne ich auch die biblische Geschichte:**

①

☐ ja ______________________

☐ nein

②

☐ ja ______________________

☐ nein

③

☐ ja ______________________

☐ nein

④

☐ ja ______________________

☐ nein

Die Bibel

- ☐ ja ____________________
- ☐ nein

- ☐ ja ____________________
- ☐ nein

6. Ich weiß auch, wie man bestimmte Textstellen in der Bibel findet, also zum Beispiel Psalm 70,1.

☐ ja ☐ nein

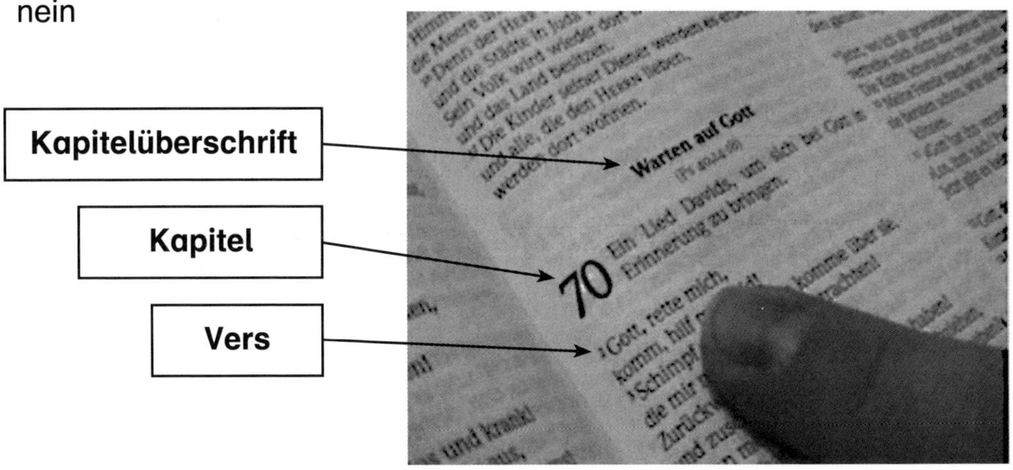

7. Was ist kein Evangelium?

☐ Markus	☐ Matthäus	☐ Petrus
☐ Johannes	☐ Lukas	☐ weiß ich nicht

8. Wie heißt der Stammvater des Volkes Israel?

☐ Jesu ☐ Moses ☐ Abraham ☐ weiß ich nicht

9. In der Bibel stehen Geschichten, mit denen wir heute nichts mehr anfangen können.

☐ ja ☐ nein

Die Bibel

10. **Der folgende Psalm steht in der Bibel.**
Lies ihn bitte und kreuze deine Meinung dazu an:

Der HERR ist mein Hirte

23.
Der HERR ist mein Hirte;
darum leide ich keine Not.
2 Er bringt mich auf saftige Weiden,
lässt mich ruhen am frischen Wasser
3 und gibt mir neue Kraft.
Auf sicheren Wegen leitet er mich,
dafür bürgt er mit seinem Namen.
4 Und muss ich auch durchs finstere Tal –
ich fürchte kein Unheil!
Du, HERR, bist ja bei mir;
du schützt mich und du führst mich,
das macht mir Mut.
5 Vor den Augen meiner Feinde
deckst du mir deinen Tisch;
festlich nimmst du mich bei dir auf
und füllst mir den Becher randvoll.
6 Deine Güte und Liebe umgeben mich
an jedem neuen Tag;
in deinem Haus darf ich nun bleiben
mein Leben lang.

Quelle: Gute Nachricht Bibel

- ☐ Diesen Text verstehe ich nicht.
- ☐ Ich finde diesen Psalm wirklich schön, aber so richtig verstehe ich ihn nicht.
- ☐ Ich weiß, was dieser Psalm zu bedeuten hat.
- ☐ Dieser Psalm kann mir Mut und Kraft geben, wenn ich einmal Angst habe.

11. Ich glaube, dass die Bibel auch für uns Menschen heute sehr wichtig ist, deshalb möchte ich gern noch mehr darüber erfahren.

☐ ja ☐ nein

Name: Datum:

Christliche Feste

Liebe Schülerinnen und Schüler,
in den nächsten Religionsstunden wollen wir uns näher mit ***christlichen Festen*** *beschäftigen. Um den Unterricht für euch so zu gestalten, dass ihr viel Neues lernen, entdecken und erproben könnt, möchte ich von euch erfahren, was ihr bereits über christliche Feste wisst. Dazu füllt doch bitte den folgenden Fragebogen aus.*
Wenn ihr alle Aufgaben erledigt habt, dürft ihr natürlich die Bilder ausmalen.

1. Zu einem Fest gehört/gehören für mich:

- ☐ ein Anlass, ein Grund zum Feiern
- ☐ Freude und Spaß
- ☐ Dekoration
- ☐ Musik/Lieder singen
- ☐ gute Laune
- ☐ ein Feuerwerk
- ☐ Kerzen
- ☐ ein Gottesdienst
- ☐ Essen und Trinken
- ☐ Gäste
- ☐ besondere Kleidung
- ☐ ein Fernseher
- ☐ Geschenke
- ☐ …
- ☐ …

2. Feste sind besondere Ereignisse im Leben

☐ ja ☐ nein

3. Ich erinnere mich gern an Feiern, wie zum Beispiel:

___

___

___

___

___

___

___

___

___

Christliche Feste

4. Welcher der folgenden Festtage, Feiern sind christlich? Kreuze an.

☐ Hochzeit
☐ Erntedankfest
☐ Ostern
☐ Buß- und Bettag
☐ Geburtstag
☐ Kommunion/Konfirmation
☐ Silvester
☐ Beerdigung
☐ Pfingsten
☐ Reformationstag
☐ Ramadan
☐ Himmelfahrt
☐ Einschulung
☐ Passahfest
☐ 1. Mai
☐ Muttertag
☐ Valentinstag
☐ Oktoberfest
☐ Eröffnung der Olympischen Spiele
☐ Weihnachten
☐ Fronleichnam
☐ Karneval
☐ Abendmahl
☐ Taufe
☐ Halloween
☐ Prüfung bestanden

5. Ein christliches Fest ist etwas ganz Besonderes.

☐ ja ☐ nein

Wenn ja, warum?

____

____

6. Was ist dein Lieblingsfest? Begründe deine Meinung.

____

____

____

____

____

____

Christliche Feste

7. **Versuche den folgenden Festen ein passendes Bild zuzuordnen. Schneide es aus und klebe es in das zugehörige Feld.**

Advent	**Pfingsten**
Weihnachten	**Erntedankfest**
Karfreitag	**Reformationstag**
Himmelfahrt	**Buß- und Bettag**

Christliche Feste

Bildauswahl:

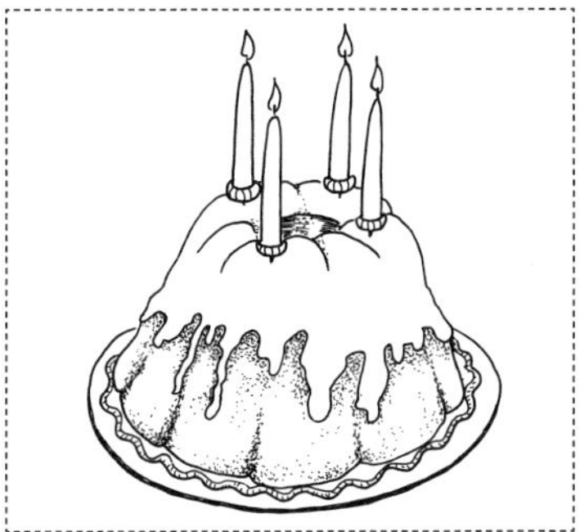

Christliche Feste

8. Wann feiern wir?

a) **Heiligabend?**
- ☐ immer am 24.12.
- ☐ Sonntag nach dem 4. Advent
- ☐ am letzten Sonntag des Jahres
- ☐ weiß ich nicht

b) **Advent?**
- ☐ der ganze Dezember
- ☐ 4 Sonntage vor Heiligabend
- ☐ der erste Sonntag im Dezember
- ☐ weiß ich nicht

c) **Pfingsten?**
- ☐ immer 49 Tage nach dem Ostersonntag
- ☐ am 12.6. ist Pfingstsonntag
- ☐ der 1. Sonntag im Mai
- ☐ weiß ich nicht

d) **Reformationstag?**
- ☐ immer am 31.10.
- ☐ irgendwann im Oktober
- ☐ am 1. Sonntag im August
- ☐ weiß ich nicht

e) **Karfreitag?**
- ☐ Freitag nach Ostern
- ☐ Freitag vor Ostern
- ☐ der 1. Freitag im März
- ☐ weiß ich nicht

f) **Himmelfahrt?**
- ☐ am 39. Tag nach Ostern, immer an einem Donnerstag
- ☐ am 1. Sonntag im Mai
- ☐ am letzten Sonntag im Juni
- ☐ weiß ich nicht

9. Das Kirchenjahr beginnt
- ☐ Neujahr
- ☐ am 1. Advent
- ☐ am Palmsonntag
- ☐ weiß ich nicht

10. Das Kirchenjahr endet
- ☐ immer am 31.12., Silvester
- ☐ Gründonnerstag
- ☐ am Totensonntag
- ☐ weiß ich nicht

Christliche Feste

11. Die folgende Abbildung zeigt das Kirchenjahr. Schau dir den Kreis genau an, dann kannst du versuchen, die äußeren Kreisabschnitte in passenden Farben auszumalen.

Die Farben haben eine bestimmte Bedeutung:

weiß:	Farbe der Freude, des Lichts
schwarz:	Farbe der Trauer
lila:	Farbe für die Zeit der Stille, der Vorbereitung, des Nachdenkens
rot:	Farbe für die Kraft Gottes; Farbe für das Feuer
grün:	Farbe für das Wachstum, für die Hoffnung

Die Zuordnung der Farben verstehe ich: ☐ ja ☐ nein

12. Ich möchte gerne noch wissen

____

____

____

Name: Datum:

David

Liebe Schülerinnen und Schüler,
in den nächsten Religionsstunden wollen wir uns näher mit dem ***Leben von David*** *beschäftigen. Um den Unterricht für euch so zu gestalten, dass ihr viel Neues lernen, entdecken und erproben könnt, möchte ich von euch erfahren, was ihr bereits über David wisst und was euch noch interessiert. Bitte füllt dazu den folgenden Fragebogen aus. Wenn ihr alle Aufgaben erledigt habt, dürft ihr natürlich die Bilder ausmalen.*

1. **Welche Geschichten gehören zu David?**
   - ☐ Der barmherzige Samariter
   - ☐ Vom Hirtenjungen zum König
   - ☐ Sein Freund Jonathan
   - ☐ Das goldene Kalb
   - ☐ König Saul
   - ☐ Die Erschaffung der Welt
   - ☐ Der verlorene Sohn

2. **In wie viele Stämme war Israel unterteilt, als David lebte?**
   - ☐ in 6 Stämme
   - ☐ in 12 Stämme
   - ☐ in 18 Stämme
   - ☐ weiß ich nicht

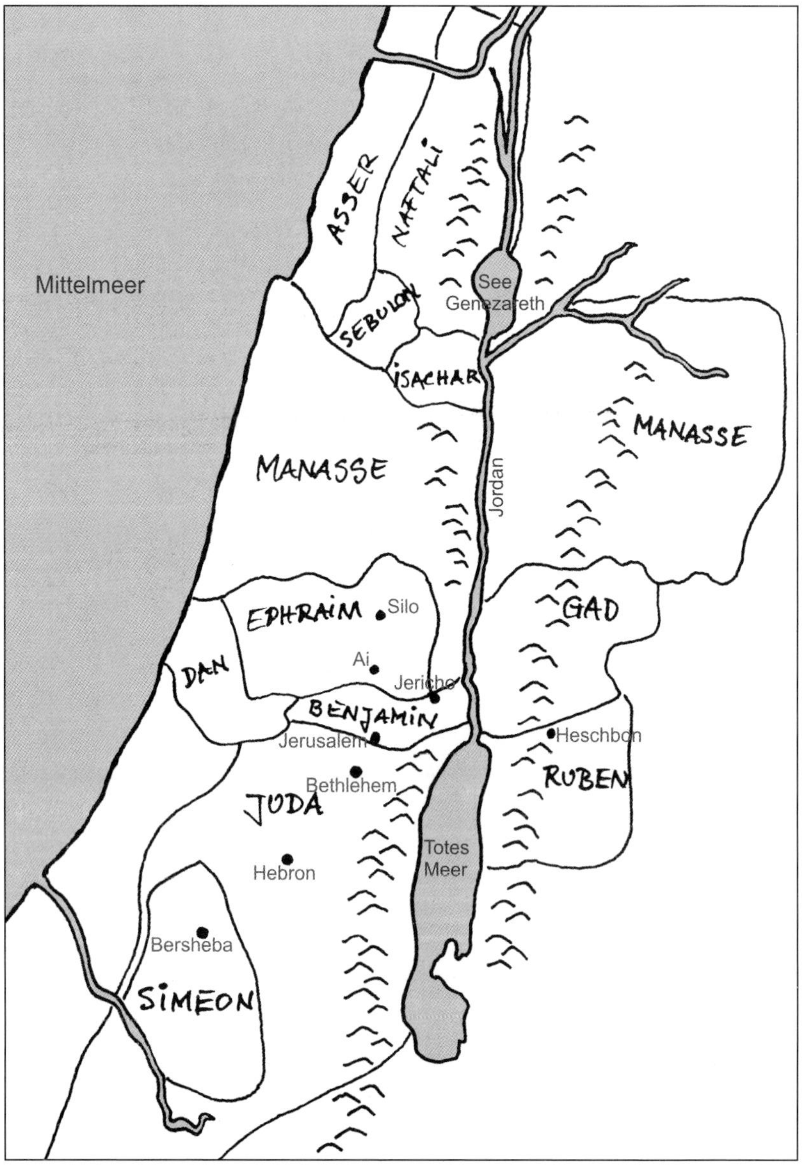

David

3. Sieh dir dieses Bild genau an!
Kennst du die Geschichte dazu?

☐ ja ☐ nein

Wenn ja, wie heißt die Geschichte und wovon handelt sie?

____

____

____

____

Was könnte die Erzählung für dein Leben bedeuten?

____

____

____

____

4. Weißt du, was David mit König Saul zu tun hatte?

☐ ja

____

____

____

☐ nein

5. Welches Hobby hatte David?

☐ Sport
☐ Musik
☐ Zeichnen
☐ weiß ich nicht

6. Was war David, bevor er König von Israel wurde?

☐ Priester
☐ Hirtenjunge
☐ Soldat
☐ weiß ich nicht

David

7. In welcher Stadt hat David als König regiert?

☐ New York ☐ Paris
☐ Jerusalem ☐ Neapel
☐ Köln ☐ weiß ich nicht

8. Wann ungefähr regierte König David?

☐ 1000 v. Chr. ☐ um das Jahr 0 ☐ 500 n. Chr. ☐ weiß ich nicht

9. Welcher Religion gehörte König David an?

☐ Judentum ☐ Islam ☐ Christentum ☐ weiß ich nicht

10. Kann man die Geschichten von David in der Bibel nachlesen?

☐ ja ☐ nein

Wenn ja, wo?

☐ im Alten Testament ☐ im Neuen Testament

11. Wie heißt der Sohn von König David?

☐ Salomo ☐ Samuel ☐ Jakob
☐ Joshua ☐ weiß ich nicht

12. Das möchte ich noch gern wissen über David:

____

____

____

Name: Datum:

Die ersten Christen

Liebe Schülerinnen und Schüler,
in den nächsten Religionsstunden wollen wir uns näher mit ***den ersten Christen*** *beschäftigen. Um den Unterricht für euch so zu gestalten, dass ihr viel Neues lernen, entdecken und erproben könnt, möchte ich von euch erfahren, was ihr bereits über die ersten Christen wisst, welche Einstellungen ihr dazu habt und was euch interessiert. Dazu füllt doch bitte den folgenden Fragebogen aus.*
Wenn ihr alle Aufgaben erledigt habt, dürft ihr natürlich die Bilder ausmalen.

1. Wir feiern Pfingsten,
- ☐ weil Jesus in den Himmel hinaufgefahren ist.
- ☐ weil dies der Geburtstag der christlichen Kirche ist.
- ☐ weil die Jünger den Heiligen Geist erhalten haben.
- ☐ weiß ich nicht

2. Wann sind die ersten christlichen Gemeinden entstanden?
- ☐ so um 500 nach Christus
- ☐ so um das Jahr 0
- ☐ so um das Jahr 50 nach Christus
- ☐ weiß ich nicht

3. Hast du eine Ahnung, in welchen heutigen Ländern die ersten christlichen Gemeinden entstanden sind?
Schau dir die Karte an und nenne die Länder, die du kennst.

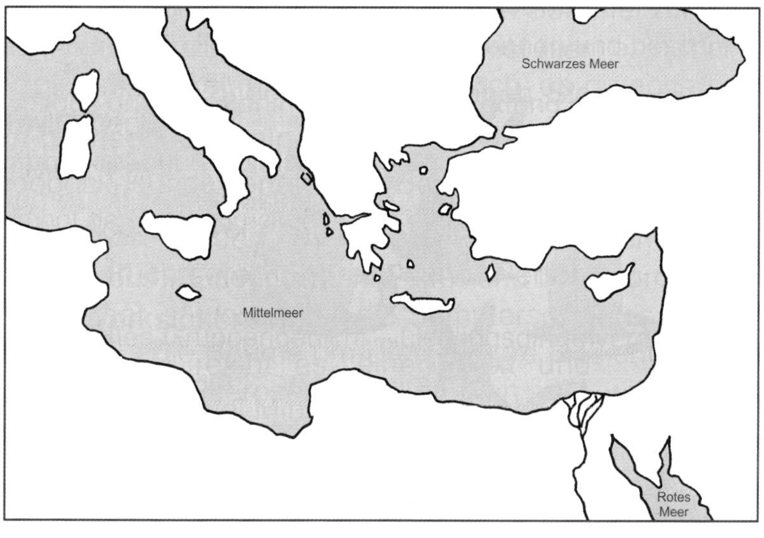

____
____
____
____
____
____
____

Die ersten Christen

4. Der Fisch war …

☐ ein Hinweis darauf, dass in dieser Gegend viele Fischer wohnten.

☐ das Geheimzeichen der ersten Christen.

☐ das Symbol des Judentums.

☐ weiß ich nicht

5. Die allerersten Christen waren Juden.

☐ ja

☐ nein

☐ weiß ich nicht

6. Die ersten Christen …

☐ konnten ihre Religion ganz frei ausüben.

☐ wurden wegen ihrer Religion verfolgt.

☐ verehrten den römischen Kaiser als Gott.

☐ weiß ich nicht

7. Diese Bilder sagen mir etwas.

☐ ja

____

____

____

☐ nein

☐ ja

____

____

____

☐ nein

Die ersten Christen

③

☐ ja

☐ nein

④

☐ ja

☐ nein

8. Ich weiß, welche Probleme die Römer mit den Christen hatten.

☐ Ja, nämlich: ____________________

☐ nein

9. Ich weiß, was ein Märtyrer ist.

☐ Ja, nämlich: ____________________

☐ nein

10. Ich weiß, was ein Missionar ist.

☐ Ja, nämlich: ____________________

☐ nein

Die ersten Christen

11. Ich kenne Paulus und weiß, was er Wichtiges geleistet hat.

☐ Ja, er hat ______________________________

____

☐ nein

12. Die ersten Christen wurden verfolgt unter …

☐ Kaiser Augustus
☐ Kaiser Konstantin
☐ Kaiser Nero
☐ Das weiß ich nicht.

13. Ich glaube, dass die ersten Christen sehr mutige Menschen waren.

☐ Ja, weil ______________________________

☐ Nein, weil ______________________________

☐ Das kann ich nicht beurteilen.

14. Ich weiß, wie aus einer kleinen Gruppe von Jüngern die Weltreligion „Christentum" entstanden ist.

☐ Ja, ich glaube dadurch, dass ______________________________

☐ nein

15. Mensch Paulus, ich möchte gern noch wissen …

____

____

____

Name: Datum:

Die Schöpfung

Liebe Schülerinnen und Schüler,
in den nächsten Religionsstunden wollen wir uns näher mit der **Schöpfung** *beschäftigen.*
Um den Unterricht für euch so zu gestalten, dass ihr viel Neues lernen, entdecken und erproben könnt, möchte ich von euch erfahren, was ihr bereits über die Schöpfung wisst. Dazu füllt doch bitte den folgenden Fragebogen aus.
Wenn ihr alle Aufgaben erledigt habt, dürft ihr natürlich die Bilder ausmalen.

1. Welche der folgenden Fragen interessieren dich? Kreuze sie an.

- ☐ Wie ist unsere Welt entstanden?
- ☐ Ist die Natur durch Zufall so schön und geordnet?
- ☐ Wie lange hat die Entstehung der Erde gedauert?
- ☐ Hat sich die Welt entwickelt oder ist sie erschaffen worden?

2. Welchen Aussagen und Fragen kannst du zustimmen und welchen nicht? Kreuze an.

Ich habe die Schöpfung schon als biblische Geschichte kennengelernt.	☐ ja	☐ nein
Ich kann eine biblische Schöpfungsgeschichte nacherzählen.	☐ ja	☐ nein
Für mich ist Gott der Schöpfer unserer Erde.	☐ ja	☐ nein
Brauchte Gott wirklich nur 7 Tage für die Schöpfung der Erde?	☐ ja	☐ nein

Die Schöpfung

3. Von den folgenden in Bildern dargestellten Schöpfungstagen kenne ich schon:

Bild(er) ______________________ kenne ich nicht.

Bild(er) ______________________ kenne ich.

Ich kann die dargestellten Tage auch der Reihenfolge nach sortieren.

1. Tag = ______________________ 2. Tag = ______________________

3. Tag = ______________________ 4. Tag = ______________________

5. Tag = ______________________ 6. Tag = ______________________

7. Tag = ______________________

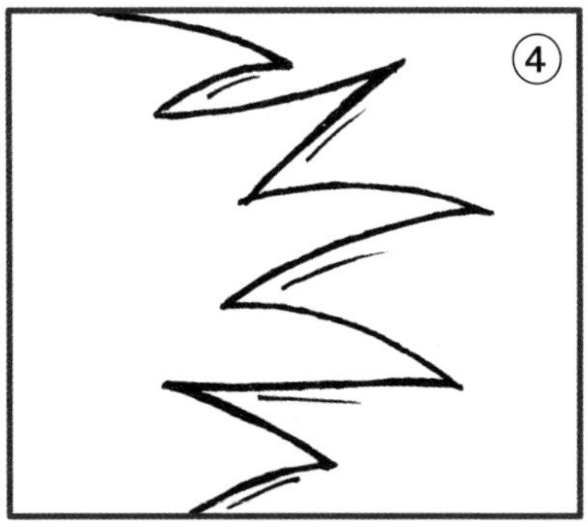

Die Schöpfung

4. Es gibt in der Bibel ...

☐ einen Schöpfungsbericht.
☐ zwei Schöpfungsberichte.
☐ viele Schöpfungsberichte.
☐ Das weiß ich nicht.

5. Von der Schöpfung wird ...

☐ im Alten Testament berichtet.
☐ im Neuen Testament berichtet.
☐ gar nicht in der Bibel berichtet.

6. Gott hat den Menschen den Auftrag gegeben, die Erde zu beschützen und zu pflegen.

☐ Ich kenne den Auftrag nicht.
☐ Ich kenne den Auftrag.
☐ Ich weiß auch was ich tun kann, um diesen Auftrag zu erfüllen:

____

____

____

____

____

____

____

Die Schöpfung

7. Was glaubst du, wie ist die Welt entstanden?
Fertige eine kleine Zeichnung an.
Finde eine Überschrift zu deinem Bild, z. B.

- Gott hat unsere Welt erschaffen
- Unsere Welt hat sich entwickelt
- Gott hat die Erde und das Leben erschaffen und die Lebewesen haben sich entwickelt
- …

Überschrift: ______________________________

8. Wer hat denn nun Recht?

- ☐ die Bibel
- ☐ die Naturwissenschaft
- ☐ beide
- ☐ keine Ahnung

Die Schöpfung

9. Jemand hat sich einmal den Kopf zerbrochen über die Frage, wie denn nun unsere Welt entstanden sein könnte und ist zu folgendem Schluss gekommen:

> ***„Die Wahrscheinlichkeit, dass unsere Welt durch Zufall entstanden ist, ist ebenso groß, als wenn ein Hurrikan*** *(ein unheimlicher Wirbelsturm)* ***über einen Schrottplatz hinwegfegt und es entsteht eine Boeing 747*** *(also ein hochmodernes technisch tolles Flugzeug)."*

Kreuze an.

- ☐ Diese Aussage verstehe ich nicht.
- ☐ Ja, das glaube ich auch.
- ☐ Ich glaube, dass alles nur Zufall war.

10. Glaubst du, dass die Schöpfung oder die Entwicklung unserer Erde abgeschlossen ist?

☐ ja ☐ nein

11. Ich möchte gerne noch wissen:

____

____

____

____

Name: Datum:

Kirchen

Liebe Schülerinnen und Schüler,
in den nächsten Religionsstunden wollen wir uns näher mit dem Thema ***Kirchen*** *beschäftigen. Um den Unterricht so für euch zu gestalten, dass ihr viel Neues lernen, entdecken und erproben könnt, möchte ich von euch erfahren, was ihr bereits über Kirchen wisst, welche Einstellungen und Interessen ihr habt und was ihr gern erarbeiten möchtet. Bitte füllt dazu den folgenden Fragebogen aus.*
Wenn ihr alle Aufgaben erledigt habt, dürft ihr natürlich die Bilder ausmalen.

1. Male eine Kirche in die Landschaft.

2. Wie sieht es in der Kirche aus?

Schreibe oder zeichne alle Gegenstände in den Grundriss, die man in einer Kirche findet.

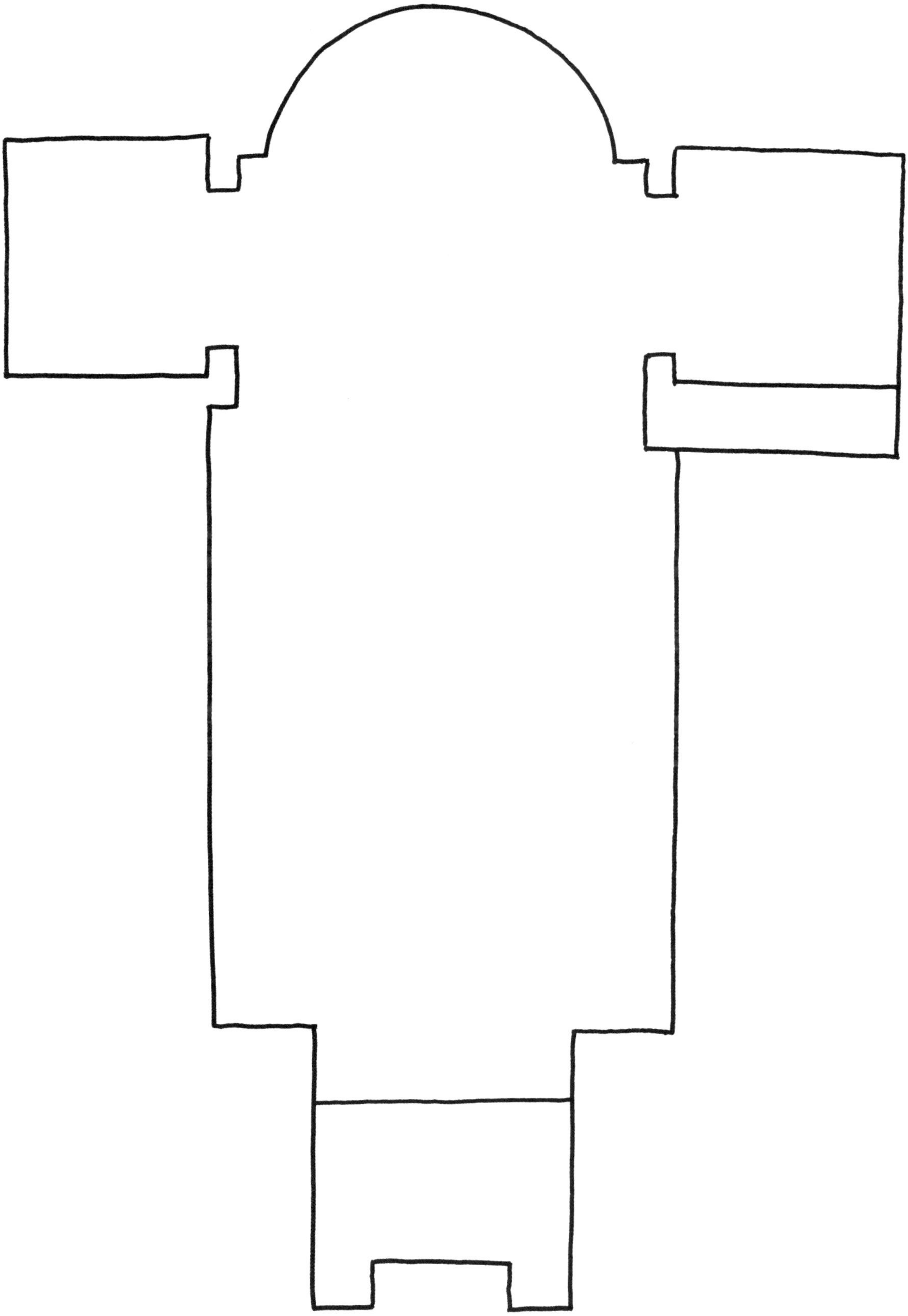

Kirchen

3. Gehst du manchmal in die Kirche? ☐ ja ☐ nein

4. Wenn du ja angekreuzt hast, *wann* gehst du in eine Kirche?

☐ sonntags
☐ zu Weihnachten
☐ zum Schulgottesdienst
☐ bei einer Beerdigung
☐ zu einer Hochzeit

☐ ______________________

☐ ______________________

☐ ______________________

5. Was möchtest du in einer Kirche gern tun? Kreuze an.

☐ beten
☐ Freunde treffen
☐ Lieder singen
☐ Gott loben und danken
☐ Feste feiern
☐ Ruhe finden
☐ Orgelspiel hören
☐ über Gott reden
☐ Geschichten aus der Bibel hören
☐ Hilfe finden
☐ andächtig sein
☐ Gottes Segen empfangen

☐ ______________________

☐ ______________________

☐ ______________________

6. Erkläre einem Außerirdischen einmal, was eine Kirche ist?

____

____

____

____

Kirchen

7. Welche der folgenden Gebäude sind ebenfalls *Gotteshäuser*?
Rahme sie rot ein. Benutze dazu ein Lineal.

Kirchen

8. Kreuze an und ergänze. Die Kirche ist für mich ein Ort …

- ☐ der Stille.
- ☐ der Begegnung mit Gott.
- ☐ zum Nachdenken.
- ☐ zum Beten.
- ☐ an dem sich Christen treffen.
- ☐ an dem Menschen heiraten.
- ☐ an dem Menschen trauern.
- ☐ ______________________________
- ☐ ______________________________

9. Ich gehe gern in eine Kirche, nicht nur in unserer Stadt, sondern zum Beispiel auch, wenn ich im Urlaub bin, schaue ich mir schöne Kirchen an.

☐ Ja, weil ______________________________

____

☐ Nein, weil ______________________________

____

10. Was möchtest du noch gern über Kirchen wissen?

____

____

____

____

____

Name: Datum:

Beten

Liebe Schülerinnen und Schüler,
in den nächsten Religionsstunden wollen wir uns näher mit dem ***Beten*** *beschäftigen.*
Um den Unterricht für euch so zu gestalten, dass ihr viel Neues lernen, entdecken und erproben könnt, möchte ich von euch erfahren, was ihr bereits über das Beten und über Gebete wisst – und was euch noch interessiert. Bitte füllt dazu den folgenden Fragebogen aus.
Wenn ihr alle Aufgaben erledigt habt, dürft ihr natürlich die Bilder ausmalen.

1. Betest du manchmal? ☐ ja ☐ nein

a) Wann und wo betest du?

____

____

____

Wenn du mit *Nein* geantwortet hast: Könntest du dir Situationen vorstellen, in denen du doch beten würdest?

____

____

____

b) Gibt es Situationen, in denen du häufig betest?

____

____

____

c) Betest du nur für dich oder auch für andere?

____

____

____

Beten

2. **Male das Bild in passenden Farben aus. Um was könnte der Pfarrer Gott bitten? Schreibe es in die Sprechblase!**

3. ***Vater unser im Himmel …***

a) Kennst du dieses Gebet?

☐ ja ☐ nein

b) Weißt du, wie das Gebet weitergeht?

Versuche die Lücken zu füllen.

Vater unser im Himmel

Geheiligt ____________ ____________ ____________.

Dein Reich komme.

Dein ____________ ____________,

wie im ____________, so auf Erden.

Unser tägliches ____________ gib uns ____________.

Und vergib uns ____________ ____________,

wie auch wir ____________ unsern Schuldigern.

Und führe uns nicht in ____________,

sondern ____________ uns von dem ____________.

Denn dein ist das ____________ und die ____________

und die ____________ in Ewigkeit.

Amen.

Beten

4. Betrachte das Bild.

a) Welche biblische Geschichte ist auf dem Bild dargestellt?

b) Warum betet der Junge auf dem Bild?

c) Was wünscht sich der Vater von Gott?

5. Schau dir die Karikatur an. Wofür betet der Mann auf dem Bild? Irgendetwas stimmt doch da nicht?

Beten

6. Schreibe in die leeren Gedankenblasen, warum du betest.
Die Tabelle kann dir dabei helfen, aber mache dir erst einmal deine eigenen Gedanken.
Möchtest du Vorschläge übernehmen, schneide sie aus und klebe sie um die betenden Hände.

... damit Gott mir neuen Mut gibt	... dafür, dass ich in der nächsten Arbeit eine gute Zensur schreibe	... um einen Menschen zu bestrafen
... damit er einem anderen Menschen hilft	... dass Gott mir Kraft gibt	... damit ich den Jackpot im Glücksspiel gewinne
... um danke zu sagen für ...	... um Gott meine Ängste zu erzählen	... um Gott für eine schlimme Tat um Vergebung zu bitten
... um Gott zu loben	... um ihn zu bitten, mich zu beschützen	... um ihn zu bitten, meinen Vater wieder gesund zu machen
... um Gott ein Geheimnis anzuvertrauen	... um Gott zu danken, weil er mich so annimmt, wie ich bin	... um Gott für seine Unterstützung zu danken
... um ihn zu bitten, meine verstorbene Oma in sein Paradies aufzunehmen	... um Gott von meinen Sorgen zu erzählen; das erleichtert mich	... um Gott zu bitten, unsere Welt vor Erdbeben, Wirbelstürmen und anderen Katastrophen zu beschützen

Beten

Beten

7. Beten – hilft mir das weiter?

- ☐ Ja, es beruhigt mich.
- ☐ Ja, Gott hört mir zu und schenkt mir Kraft.
- ☐ Ja, Gott erfüllt alle meine Wünsche.
- ☐ Nein, Beten bringt gar nichts.
- ☐ Nein, denn Gott kann ja nicht alle Gebete erhören.
- ☐ Nein, es passieren zu viele schlimme Dinge auf der Welt, obwohl Menschen beten.
- ☐ Ja, es gibt mir neue Hoffnung.
- ☐ Ja, ein Gespräch mit Gott erleichtert mich.
- ☐ Ja, ich fühle mich nicht allein.
- ☐ Nein, Gott gibt es nicht.

8. Kannst du dir vorstellen, warum wir die Hände beim Beten falten, oft die Augen schließen oder manche Menschen niederknien beim Gebet?

- ☐ Ja, vielleicht weil ____________________

  ____

- ☐ Das weiß ich nicht.

9. Ich möchte gerne noch wissen …

____

____

____

____

____

____

Name: Datum:

Miteinander

Liebe Schülerinnen und Schüler,
in den nächsten Religionsstunden wollen wir uns näher mit dem ***Miteinander*** *von Menschen beschäftigen.*
Um den Unterricht so für euch zu gestalten, dass ihr viel Neues lernen, entdecken und erproben könnt, möchte ich von euch erfahren, was ihr bereits über das Miteinander wisst, welche Einstellungen und Interessen ihr habt und was ihr gern erarbeiten möchtet.
Bitte füllt dazu den folgenden Fragebogen aus.

1. Das bin ich:

Ich

Ich bin
- ☐ evangelisch
- ☐ katholisch
- ☐ ____________

Mein Alter: ________

Mein(e) Lieblingsfach/-fächer:
____

Mein Name: ____________________

Das kann ich gut:
____

Das ist mein Traum:
____

Das mag ich nicht:
____

Das kann ich nicht besonders gut:
____

Meine Hobbys:
____

2. Ich und andere

Meine Familie:

Mit ihm/ihr spiele ich gern:

Mit diesen Menschen fahre ich gern in Urlaub:

Wir sind echte Freunde:

Das sind meine nettesten Klassenkameraden:

Diese Erwachsenen sind wichtig in meinem Leben:

Miteinander

3. **Schau dir das Bild an und versuche, es zu beschreiben.**

4. **Was machst du gern?**

a) Male die Kästchen rot oder blau aus.
In Rot: Was machst du gern allein?
In Blau: Was machst du gern mit anderen Menschen gemeinsam?

Essen	Zur Schule gehen	Ein Problem lösen
In der Pause spielen	Eine Entscheidung treffen	Videospiele spielen
Ins Kino gehen	Ein Buch lesen	Für die Schule lernen
Eine Aufgabe in der Schule bearbeiten	Hausaufgaben machen	Nachmittags spielen
Fernsehen	Zum Arzt gehen	In die Kirche gehen
Feiern		Sport treiben

Miteinander

b) Schreibe je ein Beispiel auf und begründe es.

- *Das mach ich lieber allein, weil …*

____

____

- *Das mach ich lieber gemeinsam mit anderen, weil …*

____

____

5. Was bedeutet der Satz:

„Wir sitzen alle im selben Boot!"

Das Bild kann dir bei der Antwort helfen.

- ☐ Eine Schifffahrt, die ist lustig!
- ☐ Wir leben alle zusammen in einer Welt und müssen uns gegenseitig helfen.
- ☐ Wir fahren zusammen in die Karibik.
- ☐ Wir gehen alle gemeinsam unter.
- ☐ Den Satz verstehe ich nicht.

6. Wähle ein Bild aus und erkläre den Satz:

„Ohne Miteinander geht es nicht."

Ruth Hildebrand-Mallitsch: Lernstände ermitteln: Religion 5./6. Klasse

Miteinander

Bild Nr. ☐: ______________________________

____

____

____

7. Was glaubst du, wer bei Jesus der Größte ist?

☐ Kinder sind bei Jesus die Größten.

☐ Erwachsene, die viel leisten, sind für Jesus die Größten.

☐ Gute Schüler sind bei Jesus die Größten.

☐ Für Jesus ist derjenige der Größte, der sich um andere kümmert und denen hilft, die Hilfe brauchen.

8. Was ist deine persönliche Meinung? Kreuze sie an.

☐ Ich bin der Größte/die Größte, ich schaffe alles im Leben allein und brauche niemanden.

☐ Niemand kann ganz allein leben, jeder von uns braucht Menschen, die für uns da sind.

☐ Ich bin nicht immer stark, manchmal habe ich Angst und fühle mich hilflos. Dann bin ich froh, wenn ein Mensch da ist, der mich liebt.

☐ Ich kann mein Leben nicht völlig allein meistern, daher bin ich froh, dass Gott immer bei mir ist, mir zuhört und mich beschützt.

9. Welche anderen Religionen kennst du?

____

____

Miteinander

10. Meinst du, dass die unterschiedlichen Religionen gut miteinander umgehen?

☐ ja ☐ nein

Versuche, deine Meinung zu begründen oder ein Beispiel zu geben:

____

____

11. Ich weiß, was Ökumene bedeutet.

☐ Ja, ____

☐ nein

12. Ich kenne dieses Zeichen.

☐ ja ☐ nein

Es bedeutet ______________________________

____

13. Was bedeutet für dich Miteinander?
Schneide die Begriffe aus, die für dich ein Miteinander ausmachen und klebe sie um den Begriff auf der nächsten Seite:

Gewalt	Vertrauen	Hilfe	Mut	Eigene Ideen:
Freude	Angst	Wohlbefinden	Dunkelheit	
Liebe	Einsamkeit	Geborgenheit	Streit	
Neid	Kraft	Misstrauen	Ehrlichkeit	
Verständnis	Lüge	Zufriedenheit	Sicherheit	

MITEINANDER

14. Ich möchte gerne noch wissen …

Name: Datum:

Lösungen „Jesus"

1. Was hat dieses Bild mit Jesus zu tun?

Die Heiligen 3 Könige sind auf dem Weg nach Bethlehem, um den neugeborenen König der Juden, also Jesus, zu besuchen.

2. Die Eltern von Jesus hießen:

Maria und Josef

3. Wann hat Jesus gelebt?

☐ vor etwa 500 Jahren
☐ vor etwa 1000 Jahren
☒ **vor etwa 2000 Jahren**

4. Wie alt ist er geworden?

Man nimmt an, ca. 33 Jahre.

5. Wo hat er gelebt?

☐ in Griechenland.
☒ **in Palästina**
☐ in Deutschland

6. Welchen Beruf hatte er?

Zimmermann

7. Welcher Religion gehörte er an?

☐ Er war Christ.
☒ **Er war Jude.**
☐ Er gehörte keiner Religion an.

8. War Jesus getauft?

☒ **ja** ☐ nein

9. Wie ist er gestorben?

Er wurde gekreuzigt.

14. Wie heißt eine berühmte Rede, die Jesus gehalten hat?

☐ Nazareth-Erzählung
☐ Rede am Fluss Jordan
☒ **Bergpredigt**

15. Warum feiern wir Ostern? Kreuze an.

☐ Tod Jesu
☒ **Auferstehung Jesu**
☐ Geburt Jesu
☐ Himmelfahrt Jesu
☐ Frühlingsfest

17. Das Kreuz ist ein Symbol für das Christentum. Kannst du dir vorstellen warum?

Es ist ein Symbol für das Christentum, weil Jesus am Kreuz für unsere Sünden gestorben, aber auch vom Tode wieder auferstanden ist.

18. Kennst du noch andere Symbole unserer Religion? Zeichne oder schreibe.

Lösungen „Gleichnisse"

1. Gleichnisse sind ...

☐ Märchen
☒ **Geschichten**
☐ Gleichungen

Gleichnisse können uns zum Nachdenken anregen.

☒ **ja** ☐ nein

2. Von den folgenden in Bildern dargestellten Gleichnissen kenne ich schon:

① Das Gleichnis vom verlorenen Schaf
② Das Gleichnis vom barmherzigen Samariter
③ Das Gleichnis vom Senfkorn
④ Das Gleichnis vom Schatz im Acker

5. Was könnte Jesus gemeint haben?
   a) Wer ist wohl der **Bauer**?
   Jesus
   b) Was sät er? Welche Bedeutung haben die **Körner**?
   Sie sind Gottes Wort.
   c) Was könnte er mit dem **guten Boden** gemeint haben?
   Menschen, die Gottes Wort aufnehmen und nach seinen Geboten leben.
   d) Was könnte er mit dem **felsigen, unfruchtbaren Boden** meinen?
   Menschen, die Gottes Wort nicht aufnehmen und nach ihren eigenen Vorstellungen leben, ohne sich an die 10 Gebote zu halten.

6. *Richtige Reihenfolge:*

Ein Mann hatte zwei Söhne. Der jüngere sagte zum Vater: „Vater, gib mir den Teil der Erbschaft, der mir zusteht.“ Da teilte der Vater seinen Besitz unter den Söhnen auf.
Ein paar Tage später machte der jüngere Sohn seinen Anteil zu Geld und wanderte in ein fernes Land aus. Dort verschleuderte er sein ganzes Vermögen durch ein verschwenderisches Leben.
Als er alles ausgegeben hatte, brach in dem Land eine große Hungersnot aus. Auch er begann zu hungern. Da bat er einen der Bürger des Landes um Hilfe. Der schickte ihn aufs Feld zum Schweinehüten. Er wollte seinen Hunger mit den Futterschoten stillen, die die Schweine fraßen. Aber er bekam nichts davon.
Da ging der Sohn in sich und dachte: Wie viele Arbeiter hat mein Vater und sie alle haben reichlich Brot zu essen. Aber ich komme hier vor Hunger um. Ich will zu meinem Vater gehen und zu ihm sagen: „Vater, ich habe Schuld auf mich geladen vor Gott und vor dir. Ich bin es nicht mehr wert dein Sohn genannt zu werden. Nimm mich als Arbeiter in deinen Dienst.“
So machte er sich auf den Weg zu seinem Vater. Sein Vater sah ihn schon von Weitem kommen und hatte Mitleid mit ihm. Er lief seinem Sohn entgegen, fiel ihm um den Hals und küsste ihn.
Aber sein Sohn sagte zu ihm: „Vater, ich habe Schuld auf mich geladen – vor Gott und vor dir. Ich bin es nicht mehr wert, dein Sohn genannt zu werden.“
Doch der Vater befahl seinen Dienern: „Holt schnell das schönste Gewand aus dem Haus und zieht es ihm an. Steckt ihm einen Ring an den Finger und bringt ihm Sandalen für die Füße. Dann holt das gemästete Kalb her und schlachtet es: Wir wollen essen und feiern! Denn mein Sohn hier war tot und ist wieder lebendig. Er war verloren und ist wiedergefunden.“ Und sie begannen zu feiern.

Lösungen „Die Bibel“

1.

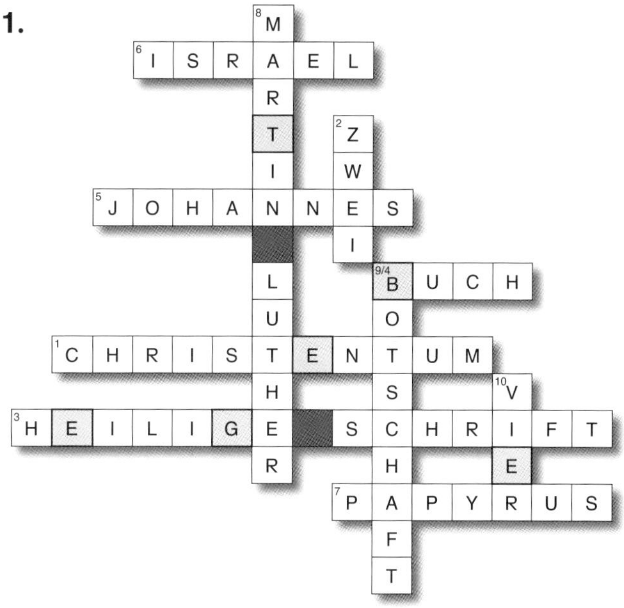

Wie nennt man Gespräche mit Gott? **Gebete**

3. Es gibt nur eine Bibel-Ausgabe
   ☐ ja ☒ **nein**

4. Die Originalsprache der ersten biblischen Schriften war
   ☐ deutsch
   ☐ englisch
   ☒ **hebräisch**

5. ① Mose führt sein Volk, die Israeliten, durch das Rote Meer aus Ägypten heraus.
   ② Adam und Eva im Paradies: Der Sündenfall.
   ③ Mose erhält die 10 Gebote.
   ④ Noah baut eine Arche.
   ⑤ Jona und der Walfisch.
   ⑥ Abraham soll seinen Sohn Isaak opfern.

7. Was ist kein Evangelium?
   ☐ Markus
   ☐ Matthäus
   ☒ **Petrus**
   ☐ Johannes
   ☐ Lukas

8. Wie heißt der Stammvater des Volkes Israel?
   ☐ Jesus
   ☐ Moses
   ☒ **Abraham**

Lösungen „Christliche Feste“

4. Welcher der folgenden Festtage, Feiern sind christlich? Kreuze an.

☐ Hochzeit
☒ **Erntedankfest**
☒ **Ostern**
☒ **Buß- und Bettag**
☐ Geburtstag
☒ **Kommunion/Konfirmation**
☐ Silvester
☐ Beerdigung
☒ **Pfingsten**
☒ **Reformationstag**
☐ Ramadan
☒ **Himmelfahrt**
☐ Einschulung
☐ Passahfest
☐ 1. Mai
☐ Muttertag
☐ Valentinstag
☐ Oktoberfest
☐ Eröffnung der Olympischen Spiele
☒ **Weihnachten**
☒ **Fronleichnam**
☐ Karneval
☒ **Abendmahl**
☒ **Taufe**
☐ Halloween
☐ Prüfung bestanden

8. Wann feiern wir?

a) Heiligabend?
☒ **immer am 24.12.**
☐ Sonntag nach dem 4. Advent
☐ am letzten Sonntag des Jahres

b) Advent?
☐ der ganze Dezember
☒ **4 Sonntage vor Heiligabend**
☐ der erste Sonntag im Dezember

c) Pfingsten?
☒ **immer 49 Tage nach dem Ostersonntag**
☐ am 12.6. ist Pfingstsonntag
☐ der 1. Sonntag im Mai

d) Reformationstag?
☒ **immer am 31.10.**
☐ irgendwann im Oktober
☐ am 1. Sonntag im August

e) Karfreitag?
☐ Freitag nach Ostern
☒ **Freitag vor Ostern**
☐ der 1. Freitag im März

f) Himmelfahrt?
☒ **am 39. Tag nach Ostern, immer an einem Donnerstag**
☐ am 1. Sonntag im Mai
☐ am letzten Sonntag im Juni

9. Das Kirchenjahr beginnt
☐ Neujahr
☒ **am 1. Advent**
☐ am Palmsonntag

10. Das Kirchenjahr endet
☐ immer am 31.12.,Silvester
☐ Gründonnerstag
☒ **am Totensonntag**

11. Farben/Kirchenjahr

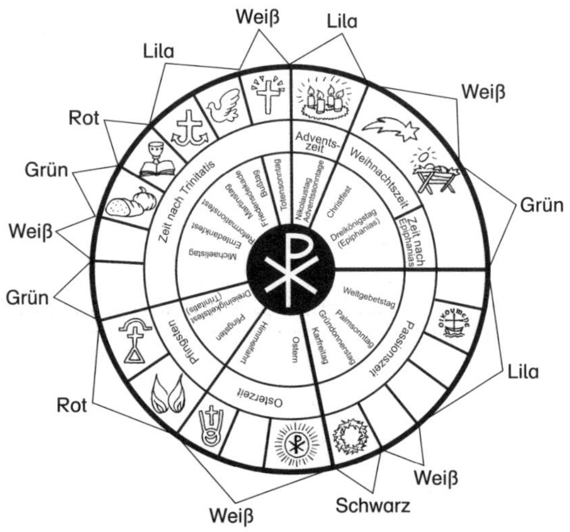

Lösungen „David“

1. Welche Geschichten gehören zu David?
☐ Der barmherzige Samariter
☒ **Vom Hirtenjungen zum König**
☒ **Sein Freund Jonathan**
☐ Das goldene Kalb
☒ **König Saul**
☐ Die Erschaffung der Welt
☐ Der verlorene Sohn

2. In wie viele Stämme war Israel unterteilt, als David lebte?
   - ☐ in 6 Stämme
   - ☒ **in 12 Stämme**
   - ☐ in 18 Stämme

3. Die Geschichte heißt:

   David und Goliath

4. Weißt du, was David mit König Saul zu tun hatte?

   David lebte nach seinem Sieg über Goliath am Hofe des Königs Saul und er war befreundet mit dessen Sohn Jonathan.

5. Welches Hobby hatte David?
   - ☐ Sport
   - ☒ **Musik, er spielte Harfe.**
   - ☐ Zeichnen

6. Was war David, bevor er König von Israel wurde?
   - ☐ Priester
   - ☒ **Hirtenjunge**
   - ☐ Soldat

7. In welcher Stadt hat David als König regiert?
   - ☐ New York
   - ☒ **Jerusalem**
   - ☐ Paris
   - ☐ Neapel

8. Wann ungefähr regierte König David?
   - ☒ **1000 v. Chr.**
   - ☐ um das Jahr 0
   - ☐ 500 n. Chr.

9. Welcher Religion gehörte König David an?
   - ☒ **Judentum**
   - ☐ Islam
   - ☐ Christentum

10. Kann man die Geschichten von David in der Bibel nachlesen?

    ☒ **ja** ☐ nein

    Wenn ja, wo?
    - ☒ **im Alten Testament**
    - ☐ im Neuen Testament

11. Wie heißt der Sohn von König David?
    - ☒ **Salomo**
    - ☐ Joshua
    - ☐ Samuel
    - ☐ Jakob

Lösungen „Die ersten Christen“

1. Wir feiern Pfingsten,
   - ☐ weil Jesus in den Himmel hinaufgefahren ist.
   - ☒ **weil dies der Geburtstag der christlichen Kirche ist.**
   - ☒ **weil die Jünger den Heiligen Geist erhalten haben.**

2. Wann sind die ersten christlichen Gemeinden entstanden sind?
   - ☐ so um 500 nach Christus
   - ☐ so um das Jahr 0
   - ☒ **so um das Jahr 50 nach Christus**

3. Hast du eine Ahnung, in welchen heutigen Ländern die ersten christlichen Gemeinden entstanden sind?
   Schau dir die Karte an und nenne die Länder, die du kennst.

   Länder: Italien, Griechenland, Türkei, Israel, Syrien

4. Der Fisch war …
   - ☐ ein Hinweis darauf, dass in dieser Gegend viele Fischer wohnten.
   - ☒ **das Geheimzeichen der ersten Christen.**
   - ☐ das Symbol des Judentums.

5. Die allerersten Christen waren Juden.

   ☒ **ja** ☐ nein

6. Die ersten Christen …
   - ☐ konnten ihre Religion ganz frei ausüben.
   - ☒ **wurden wegen ihrer Religion verfolgt.**
   - ☐ verehrten den römischen Kaiser als Gott.

7. *Zum Beispiel:*

   ① Immer, wenn es im Römischen Reich Probleme gab, schob man den Christen die Schuld zu. Der Kaiser ließ dann ausrufen: „Die Christen vor die Löwen!“ Dann wurden die Christen in eine große Arena geführt, in der die Löwen bereits auf sie warteten. Oft gingen sie singend und betend in den Tod.

② Das ist das Christogramm und der Fisch als geheimes Zeichen für die ersten Christen.
③ Als Rom im Jahr 64 unter Kaiser Nero brannte, gab er den Christen die Schuld dafür.
④ Die Katakomben waren geheime Treffpunkte für die ersten Christen.

8. Ich weiß, welche Probleme die Römer mit den Christen hatten.
☒ **Ja. Sie wurden verfolgt, weil sie ihren eigenen Gott hatten und weder die römischen Götter anbeteten noch den römischen Kaiser als Gott verehrten.**

9. Ich weiß, was ein Märtyrer ist.
☒ **Ja. Das ist ein Mensch, der bereit ist, für seinen Glauben zu sterben, so wie damals die Christen.**

10. Ich weiß, was ein Missionar ist.
☒ **Ja. Ein Missionar verbreitet den Glauben auf der ganzen Welt, wie zum Beispiel Paulus.**

11. Ich kenne Paulus und weiß, was er Wichtiges geleistet hat.
☒ **Ja. Er hat auf vielen beschwerlichen Missionsreisen den christlichen Glauben verbreitet.**

12. Die ersten Christen wurden verfolgt unter …
☐ Kaiser Augustus
☒ **Kaiser Nero**
☐ Kaiser Konstantin

13. Ich glaube, dass die ersten Christen sehr mutige Menschen waren.
☒ **Ja, weil sie für ihren Glauben sogar gestorben sind**

14. Ich weiß, wie aus einer kleinen Gruppe von Jüngern die Weltreligion „Christentum" entstanden ist.
☒ **Ja. Ich glaube dadurch, dass Paulus den Glauben auf seinen Reisen verbreitet hat und weil Kaiser Konstantin im Jahre 391 das Christentum als offizielle Staatsreligion anerkannte.**

Lösungen „Die Schöpfung"

3. Von den folgenden in Bildern dargestellten Schöpfungstagen kenne ich schon:
Bild ④: 1.Tag = **Tag und Nacht**
Bild ②: 2.Tag = **Himmel und Erde**
Bild ⑤: 3.Tag = **Land und Meer und Pflanzen**
Bild ③: 4. Tag = **Sonne, Mond und Sterne**
Bild ⑦: 5. Tag = **Fische und Vögel**
Bild ①: 6. Tag = **Die Tiere des Landes und den Menschen**
Bild ⑥: 7. Tag = **Ruhetag**

4. Es gibt in der Bibel …
☐ einen Schöpfungsbericht
☒ **zwei Schöpfungsberichte**
☐ viele Schöpfungsberichte

5. Von der Schöpfung wird …
☒ **im Alten Testament berichtet.**
☐ im Neuen Testament berichtet.

Lösungen „Kirchen"

6. Erkläre einem Außerirdischen einmal, was eine Kirche ist?
Eine Kirche ist ein großes, schönes Gebäude mit einem Turm, dem Kirchturm, in dem eine Glocke hängt, die läutet, wenn ein Gottesdienst stattfindet. Hier in dem Gotteshaus treffen sich dann Menschen, die unserer christlichen Religion angehören, um gemeinsam zu beten, zu singen und Gott nah zu sein.

7. Welche der folgenden Gebäude sind ebenfalls Gotteshäuser?
Christliche Kirchen/Kapellen:

Moschee/Islam:

Buddhistische Tempel:

Synagoge/Judentum:

Weltliche Gebäude:

Lösungen „Beten“

3. Das Vaterunser

Vater unser im Himmel
Geheiligt **werde dein Name.**
Dein Reich komme.
Dein **Wille geschehe,**
wie im **Himmel**, so auf Erden.
Unser tägliches **Brot** gib uns **heute**.
Und vergib uns **unsere Schuld**,
wie auch wir **vergeben** unsern Schuldigern.
Und führe uns nicht in **Versuchung**,
sondern **erlöse** uns von dem **Bösen**.
Denn dein ist das **Reich** und die **Kraft**
und die **Herrlichkeit** in Ewigkeit.
Amen.

4. Betrachte das Bild.

a) Welche biblische Geschichte ist auf dem Bild dargestellt?

Abraham soll seinen Sohn Isaak opfern.

b) Warum betet der Junge auf dem Bild?

Er betet zu Gott, dass er nicht sterben muss.

c) Was wünscht sich der Vater von Gott?

Abraham wünscht sich von Gott, dass er seinen Sohn Isaak nicht opfern muss.

5. *Zum Beispiel:*

Der Mann macht es sich zu einfach: Er lebt in völliger Zufriedenheit, hat alles, was man zum Leben braucht und glaubt, wenn er für die Armen und Benachteiligten in dieser Welt betet, hat er genug getan. Das aber kann es doch nicht sein! Er könnte selbst etwas tun gegen den Hunger, die Armut, die Gewalt in dieser Welt. Er könnte spenden, Menschen helfen oder zum Beispiel in kirchlichen Einrichtungen mitarbeiten.

Quellenverzeichnis

S. 9	Religiöse Piktos © Valeriya Shmidt – Fotolia.com
S. 32	Zeichen für Christen © roadrunner – Fotolia.com
S. 35	Erde aus dem All © roxcon – Fotolia.com
S. 39	Flugzeug © Andrew Barker – Fotolia.com
S. 43	Basilius-Kathedrale Moskau © Denis Babenko – Fotolia.com
	Blaue Moschee Instanbul © Lyuba Bunakova – Fotolia.com
	Eiffelturm © Frank F. Haub – Fotolia.com
	Goldener Tempel Sri Lanka © Shariff Che'lah – Fotolia.com
	Kapelle © Ssnowball – Fotolia.com
	Kölner Dom © veytalbiz – Fotolia.com
	Schiefer Turm Pisa © Marianne de Jong – Fotolia.com
	Schloss Lichtenstein © Thomas Winkler – Fotolia.com
	Synagoge in Trebic © PHB.cz – Fotolia.com
	Wassertempel © swisshippo – Fotolia.com
S. 45/46/49	Betende Hände von Albrecht Dürer
S. 53	Hände © Robert Kneschke – Fotolia.com

NOTIZEN